TABLEAUX

ET

DESSINS

DE L'ÉCOLE MODERNE

Vente le Mercredi 5 Mai 1869

Mᵉ CHARLES PILLET
COMMISSAIRE-PRISEUR

M. FRANCIS PETIT
EXPERT

1869

CATALOGUE

DE

VINGT TABLEAUX

ET DE

DEUX AQUARELLES

DE L'ÉCOLE MODERNE

Composant la

Collection de M. le Marquis Du Lau

DONT LA VENTE AURA LIEU

HOTEL DROUOT, Salle N° 8

Le Mercredi 5 Mai 1869

A DEUX HEURES ET DEMIE PRÉCISES.

EXPOSITIONS
PARTICULIÈRE : le Lundi 3 Mai 1869,
PUBLIQUE : le Mardi 4 Mai 1869.
DE UNE HEURE A CINQ HEURES ET DEMIE.

Mᵉ CHARLES PILLET, | **M. FRANCIS PETIT**
COMMISSAIRE-PRISEUR | EXPERT

CONDITIONS DE LA VENTE

Elle sera faite au comptant.

Les adjudicataires payeront *cinq pour cent* en sus des enchères.

Paris. — imp. de PILLET fils aîné rue des Grands-Augustins, 5.

TABLEAUX

CABAT

1 — Une mare, effet de soir.

Au soleil couchant, des animaux viennent boire à une mare entourée de grands arbres.

Haut., 33 cent.; larg., 45 cent.

COROT

2 — Un Paysage.

Un bouquet d'arbres, puis une mare bordée par des terrains élevés. Un ciel fin, gris et légèrement nuageux.

Tableau plein de caractère, de simplicité et d'harmonie.

Haut., 44 cent.; larg., 60 cent.

DAUBIGNY

3 — Bords de l'Oise.

Haut., 26 cent.; larg., 47 cent.

DECAMPS

4 — Paysage. Chasse à la bécasse.

Le paysage accidenté de montagnes, de grands arbres
et de rochers, est éclairé çà et là par les rayons du soleil.
Sur le devant une mare dans les roches, puis un chasseur
tirant une bécasse.

Vente P. Demidoff. — Exposition du boulevard des Italiens.

Haut., 40 cent.; larg., 31 cent.

DECAMPS

5 — Paysage. Chasse au marais.

Effet de soleil couchant à l'automne.

Haut., 31 cent.; larg., 45 cent.

DELACROIX

(EUGÈNE)

6 — Les Convulsionnaires de Tanger.

Tableau très-célèbre dans l'œuvre de Delacroix, et un
de ses plus beaux. Composition capitale et d'une qualité
exceptionnelle de lumière, de mouvement et de finesse ;
c'est un véritable chef-d'œuvre.

Exposition du boulevard des Italiens.

Haut., 97 cent.; larg., 1 mèt. 28 cent.

DELACROIX

(EUGÈNE)

7 — Chevaux sortant de l'eau.

Deux chevaux conduits par un Arabe sortent de l'eau et
remontent sur la rive. A gauche la mer qui s'étend au
loin ; à droite toute une ville s'élevant en amphithéâtre et
se détachant sur un fond de montagnes.

Haut., 50 cent.; larg., 61 cent.

DELACROIX

(EUGÈNE)

8 — **Les bords du fleuve Sébou (royaume de Maroc,**

Le fleuve serpente au milieu de montagnes et de terrains boisés. Au premier plan des baigneurs, et des cavaliers conduisant boire leurs chevaux.

Salon de 1859.

Haut., 50 cent.; larg. 60 cent.

DELACROIX

(EUGÈNE)

9 — **Samson et Dalilah.**

Magnifique esquisse provenant de la vente Delacroix.

Haut., 40 cent.; larg., 57 cent.

DELACROIX

(EUGÈNE)

10 — Figure d'aveugle.

Le corps à demi enveloppé d'une draperie blanche, la tête coiffée d'une sorte de turban; il marche un bras étendu en avant et appuyé de l'autre sur un long bâton.

Vente Delacroix.

Haut., 87 cent.; larg., 56 cent.

DIAZ

11 — Paysage. Le Berger.

Haut., 16 cent.; larg., 26 cent.

DUPRÉ

(JULES)

12 — La mare aux chênes.

Un chêne immense abrite une mare que des animaux traversent à gué; la cime se détache en silhouette sur un ciel plein d'éclat et de lumière, malgré les nuages noirs qui l'enveloppent.

Vente Véron, sous le titre : Le Retour du Marché. — Vente Cachardy.

Haut., 1 mèt. 3 cent.; larg., 82 cent.

FROMENTIN

13 — Diffa, réception du soir (Sahara).

Au milieu d'un camp arabe dont on voit autour les feux allumés, le chef, environné d'un groupe d'amis, vient recevoir un visiteur qui s'avance accompagné d'une nombreuse suite portant des présents de toute nature.

Composition importante, salon de 1857.

Haut., 50 cent.; larg., 1 mèt.

ISABEY

(EUGÈNE)

14 — La messe de Saint-Hubert.

Dans une vieille église remplie de nombreux assistants,
le prêtre à l'autel se retourne pour bénir toute une meute
contenue à peine par les valets. Les piqueurs sonnent de
la trompe ; l'un d'eux soulève sur ses mains une tête de
cerf au bois enrubané.

Composition pleine de mouvement et très-pittoresque.

Haut., 1 mèt.; larg., 81 cent.

JONGKIND

15 — Le Pont-Neuf en 1854.

Haut., 44 cent.; larg., 72 cent.

MILLET

16 — Une Bergère.

Elle est vue à mi-corps, toute vêtue de bleu et assise à l'ombre d'un grand bois.

Haut., 24 cent.; larg., 19 cent.

ROUSSEAU

(THÉODORE)

17 — Paysage au printemps.

Une rivière serpente au milieu de terrains boisés, sous un ciel clair et lumineux ; des animaux sont au bord de l'eau, près d'un groupe d'arbres. Tout le paysage est de cette coloration tendre, particulière au printemps et d'une harmonie complète.

Exposition du Cercle de la rue de Choiseul.

Haut., 30 cent.; larg., 54 cent.

ROYBET

18 — Tête de jeune page.

Haut., 39 cent.; larg., 31 cent.

———

TROYON

19 — Pâturage normand.

Une vache couchée, d'autres debout, dans une prairie bordant la mer près Trouville. Le ciel à demi couvert annonce un grain.

Haut., 40 cent.; larg., 58 cent.

———

ZIEM

20 — Environs de Venise, soleil levant.

Haut., 36 cent.; larg. 66 cent.

AQUARELLES

DELACROIX

(EUGÈNE)

21 — **Gluck.** — *Sépia* —

Gluck exécute au piano l'opéra d'Armide et prie son
auditeur étonné de lui tourner les feuillets d'une préten-
due partition dont toutes les feuilles sont blanches.

(Conte d'Hoffmann) gravé par F. Villot. — Vente F. Villot.

Haut., 22 cent.; larg., 17 cent.

LAMI

(EUGÈNE)

22 — **L'abdication de Marie Stuart.**

Haut., 24 cent.; larg., 31 cent.

www.ingramcontent.com/pod-product-compliance
Lightning Source LLC
LaVergne TN
LVHW020901200726
843508LV00003B/1285